1. Lesestufe

Henriette Wich

Polizeigeschichten

Mit Bildern von Jörg Hartmann

Ravensburger Buchverlag

Bibliografische Information Der Deutschen Bibliothek:

Die Deutsche Bibliothek verzeichnet diese Publikation
in der Deutschen Nationalbibliografie.
Detaillierte bibliografische Daten sind im Internet
über **http://dnb.ddb.de** abrufbar.

1 2 3   09 08 07

Ravensburger Leserabe
© 2007 Ravensburger Buchverlag Otto Maier GmbH
Umschlagbild: Jörg Hartmann
Umschlagkonzeption: Sabine Reddig
Redaktion: Marion Diwyak
Printed in Germany
ISBN: 978-3-473-36205-9

www.ravensburger.de
www.leserabe.de

Inhalt

Der verschwundene Schuh — 4

Verhaftet! — 13

Der Geschenke-Fall — 22

Das Polizei-Taxi — 30

Leserätsel — 41

Der verschwundene Schuh

„Wuff!", macht Polizeihund Alex.
Polizist Pepe schreckt
aus dem Bett hoch.
„Wuff!", macht Alex noch mal.

„Was hast du denn?", fragt Pepe,
streckt sich und gähnt.
„Es ist doch noch so früh!"

Dann schaut Pepe auf seinen Wecker.
Hilfe, schon acht Uhr!
Er hat verschlafen!

Blitzschnell springt Pepe
aus dem Bett.

Im Bad beeilt er sich
und putzt mit Blaulicht Zähne.

Danach wirft er sich
in seine Uniform
und schnallt den Gürtel um.
Jetzt fehlt nur noch die Polizeimütze.

Ach! Und die Schuhe natürlich.
Pepe schlüpft hinein,
greift nach
dem Schlüssel
und pfeift.
„Komm, Alex!"

Schon ist der Polizeihund bei Fuß.
Pepe bückt sich und streicht Alex
über den Kopf.

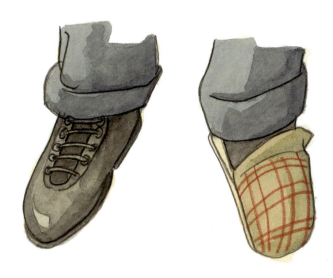

Dabei schaut er auf seine Schuhe.
Mist! Er hat zwei verschiedene an.
Der linke ist sein Hausschuh.

Was soll er jetzt machen?
Da fällt ihm etwas ein.

Pepe zieht seinen Polizeischuh aus
und lässt Alex daran schnuppern.
„Such meinen zweiten Schuh!
Such!", ruft er.
Sofort saust Alex los.

Sekunden später kommt er
mit dem richtigen Schuh zurück.

„Danke, Alex", sagt Pepe und lacht.
„Wenn ich dich nicht hätte!"
„Wuff!", macht Alex.

Pepe kommt an diesem Morgen
gerade noch rechtzeitig zum Dienst.

Zur Belohnung kriegt Alex
heute ein extra Würstchen.

Verhaftet!

Nina kann nicht einschlafen.
Kein Wunder!
Nebenan im Wohnzimmer
ist ein Riesenlärm.

„Hahaha!", grölt Polizist Jens.
Jens ist ein Freund von Mama und Papa.
Normalerweise ist Jens
auch Ninas Freund.

Nur nicht, wenn er
mitten in der Nacht
so laut lacht.

„Hahaha!",
poltert Jens schon wieder los.

Jetzt reicht's aber!,
denkt Nina und springt aus dem Bett.
Dann geht sie zum Spieleregal
und schnappt sich
ihr Lieblingsspielzeug.

Damit schleicht sie über den Flur.
Jetzt muss sie Jens nur noch
auf frischer Tat ertappen.
„Hahaha!", brüllt Jens.

Nina stürmt ins Wohnzimmer.
Sie rennt auf Jens zu und legt ihm
ihre Spielzeug-Handschellen an.

Jens ist so verdutzt,
dass er sich nicht mal wehrt.

„Du bist verhaftet!", ruft Nina.
„Lachen in der Nacht
ist streng verboten.
Wegen dir können die Kinder
nicht einschlafen."

Jens schaut Nina flehend an.
„Ich bekenne mich schuldig,
Polizeimeisterin!
Aber musst du mich
wirklich gleich verhaften?
Ich tue auch alles, was du willst!"

Das klingt gut, denkt Nina.
„Dann will ich mal
ein Auge zudrücken", sagt sie.
„Aber nur, wenn du mir zum Einschlafen
eine Polizeigeschichte erzählst."

Jens knirscht mit den Zähnen.
„Einverstanden!"
Grinsend führt Nina Jens ab.

Der Geschenke-Fall

Marcel wacht ganz früh auf.
Heute hat er Geburtstag!
Schnell steht er auf und zieht sich an.

Dann saust er in die Küche.

Mama hat schon ihre Polizeiuniform an.

Der Kuchen steht auf dem Tisch.

Aber wo sind die Geschenke?

Da sagt Mama:
„Ich habe einen kniffligen Fall
für dich, Marcel.
Die Geschenke wurden geklaut."

Marcel nickt. „Alles klar,
Frau Kommissar!"

Sofort geht er auf Spurensuche.
Jeder Dieb hinterlässt ja Spuren …
Zuerst hält Marcel
die Nase in die Luft.

Aha! Ein schwacher Geruch
nach Parfüm.

Die Duftspur führt über den Flur
ins Wohnzimmer.

Vor dem Sofa liegt eine blonde Locke.
Marcel stellt das Indiz sicher.

Weit können die Geschenke nicht sein!
Doch hinter dem Sofa ist nichts.
Enttäuscht schaut Marcel hoch.

Da entdeckt er,
dass die Tür zur Terrasse offen steht.
Und im nassen Gras sind Fußabdrücke!

Marcel verfolgt die Spur.
Sie endet hinter einem Busch.
Volltreffer! Da sind ja die Geschenke.
Marcel reißt das Papier herunter.

„Eine Trillerpfeife und
eine Polizeimütze!", ruft er laut.

Mama kommt
und klatscht in die Hände.
„Bravo! Gute Arbeit, Kollege.
Der Fall ist abgeschlossen."

Marcel schüttelt den Kopf.
„Nicht ganz. Der Dieb
muss noch überführt werden."
Bevor Mama antworten kann,
fällt Marcel ihr um den Hals.

Das Polizei-Taxi

Niklas rennt die letzten Meter
zum Kiosk.
Das Taschengeld in seiner Hand
ist schon ganz heiß.

Niklas ist auch heiß:
heiß auf ein Polizeiauto!
Am Kiosk steht ein Polizist.
Er kauft gerade ein Polizeiauto.

Niklas sagt zum Verkäufer:
„Ich will auch so ein Auto."
Doch der Verkäufer schüttelt den Kopf.
„Tut mir leid, Niklas!
Polizist Lenny hat eben
das letzte Polizeiauto gekauft."
Niklas schreit: „Nein!"

Da dreht
sich Lenny um.
„Tut mir
auch leid, Niklas!
Ich habe das Auto
meinem Neffen versprochen,
zum Schulanfang."

Niklas ballt seine Faust.
„Bei mir fängt morgen
auch die Schule an!"

Lenny lächelt. „Ich habe eine Idee.
Soll ich dich in meinem Polizeiauto
nach Hause bringen?"

Plötzlich leuchten Niklas' Augen.

„Ja, klar!"

Schnell klettert er auf den Rücksitz
und lässt sich anschnallen.

Da entdeckt er vorne ein Gerät,
das wie ein Autoradio aussieht.

„Was ist das?"
Lenny antwortet:
„Damit kann ich Blaulicht
und Martinshorn anmachen.
Und den Lautsprecher."

Bevor Lenny losfährt,
greift er zum Hörer
neben der Handbremse.

„Ich funke jetzt
an die Zentrale.
Wo soll's denn hingehen?"

Niklas sagt:
„In die Brahmsstraße 7!",
und lehnt sich stolz zurück.

Henriette Wich, geboren 1970, stammt aus Landshut. Nach dem Studium der Germanistik und Philosophie arbeitete sie zunächst mehrere Jahre als Lektorin in Kinderbuchverlagen, bevor sie sich 2000 als Autorin selbstständig machte. Seither hat sie schon zahlreiche Kinder- und Jugendbücher bei verschiedenen Verlagen veröffentlicht.

Jörg Hartmann wurde 1972 in Bad Driburg bei Paderborn geboren. Nach dem Abitur und dem Zivildienst studierte er in Münster Illustration und Grafikdesign, seit 2001 ist er als freier Illustrator tätig. Neben der Kinderbuchillustration gehört das Zeichnen von Comics zu seinen Steckenpferden. Mehr über Jörg Hartmann kann man unter www.bilderbu.de erfahren.

Leserätsel

mit dem Leseraben

Super, du hast das ganze Buch geschafft!
Hast du die Geschichten ganz genau gelesen?
Der Leserabe hat sich ein paar spannende
Rätsel für echte Lese-Detektive ausgedacht.
Mal sehen, ob du die Fragen beantworten kannst.
Wenn nicht, lies einfach noch mal
auf den Seiten nach. Wenn du die richtigen
Antwortbuchstaben in die Kästchen auf Seite 42
eingesetzt hast, bekommst du das Lösungswort.

Fragen zu den Geschichten

1. Warum bellt der Polizeihund Alex?
   (Seite 4/5)
   A: Weil ein Einbrecher in der Wohnung ist.
   B: Weil der Polizist Pepe verschlafen hat.

2. Warum legt Nina Jens Spielzeug-Handschellen an? (Seite 18/19)
 H: Weil die beiden miteinander spielen.
 L: Weil Jens so laut gelacht hat.

3. Was steht an Marcels Geburtstag auf dem Küchentisch? (Seite 23)
 A: Ein Kuchen.
 D: Ein Kuchen und Geschenke.

4. Wo findet Marcel die Geschenke? (Seite 28)
 L: Im Garten hinter einem Busch.
 B: Im Kinderzimmer.

5. Was will Niklas von seinem Taschengeld kaufen? (Seite 30/31)
 H: Ein Eis.
 C: Ein Polizeiauto.

Lösungswort:

1	2	3	4	5
		A U	L I	C H T

Super, alles richtig gemacht! Jetzt wird es Zeit für die RABENPOST.
Schicke dem LESERABEN einfach eine Karte mit dem richtigen Lösungswort. Oder schreib eine E-Mail. Wir verlosen jeden Monat 10 Buchpakete unter den Einsendern!

An den LESERABEN
RABENPOST
Postfach 20 07
88 190 Ravensburg
Deutschland

leserabe@ravensburger.de
Besuch mich doch auf meiner Webseite:
www.leserabe.de

Ravensburger Bücher vom Leseraben

1. Lesestufe für Leseanfänger ab der 1. Klasse

ISBN 978-3-473-**36178**-6   ISBN 978-3-473-**36179**-3   ISBN 978-3-473-**36164**-9

2. Lesestufe für Erstleser ab der 2. Klasse

ISBN 978-3-473-**36169**-4   ISBN 978-3-473-**36067**-3   ISBN 978-3-473-**36184**-7

3. Lesestufe für Leseprofis ab der 3. Klasse

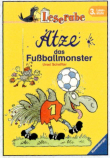  

ISBN 978-3-473-**36177**-9   ISBN 978-3-473-**36186**-1   ISBN 978-3-473-**36188**-5

www.ravensburger.de / www.leserabe.de